学生运动能力国家标准
解读丛书

《中国式摔跤课程学生运动能力测评规范》解读

于素梅　王彦会　朱　磊　等　编著

教育科学出版社
·北　京·

主　编　于素梅　王彦会　朱　磊
副主编　司亚莉　赵林林　王　鹏　杨　兴
参　编　袁　媛　李振华　左而非　刘彦果　黄广懿　宋晓露　王妙香　邱　蕾　贾　存　张润淼

出 版 人　郑豪杰
项目统筹　梁祎明
责任编辑　李　楠
版式设计　思瑞博　王　辉　李　顺
责任校对　贾静芳
责任印制　叶小峰

图书在版编目（CIP）数据

《中国式摔跤课程学生运动能力测评规范》解读 / 于素梅等编著 . -- 北京：教育科学出版社，2025. 3. --（学生运动能力国家标准解读丛书）.
ISBN 978-7-5191-4318-3

Ⅰ. G886.2-65

中国国家版本馆 CIP 数据核字第 2025E67A37 号

《中国式摔跤课程学生运动能力测评规范》解读
《ZHONGGUOSHI SHUAIJIAO KECHENG XUESHENG YUNDONG NENGLI CEPING GUIFAN》JIEDU

出版发行	教育科学出版社		
社　　址	北京·朝阳区安慧北里安园甲9号	邮　　编	100101
总编室电话	010-64981290	编辑部电话	010-64989524
出版部电话	010-64989487	市场部电话	010-64989035
传　　真	010-64891796	网　　址	http://www.esph.com.cn
经　　销	各地新华书店		
制　　作	北京思瑞博企业策划有限公司		
印　　刷	河北巴彩丰包装制品有限公司		
开　　本	787毫米×1092毫米　1/16	版　　次	2025年3月第1版
印　　张	4	印　　次	2025年3月第1次印刷
字　　数	52千	定　　价	32.00元

图书出现印装质量问题，本社负责调换。

前 言

随着教育强国、体育强国建设的不断推进，体育课程改革日益深化，体育育人目标也聚焦在以运动能力、健康行为和体育品德为表现的核心素养的培育上。建立标准，不仅能够及时测评学生运动能力，了解学生运动能力水平，衡量体育核心素养培育成效，也是落实中共中央办公厅、国务院办公厅《关于全面加强和改进新时代学校体育工作的意见》等的重要保障，并能为体育学业质量评价、体育教育质量监测、学生运动水平认证等提供直接依据。

为更好地贯彻落实《义务教育体育与健康课程标准（2022年版）》和国家相关政策要求，依据新课标提出的“运动能力主要体现在基本运动技能、体能、专项运动技能的掌握与运用”和《〈体育与健康〉教学改革指导纲要（试行）》提出的“专项运动能力评价可依据专项运动技能学习结构化内容确定评价内容，特别要注重对学生运用知识的能力以及比赛能力的评价”，研制了《中国式摔跤课程学生运动能力测评规范》国家标准（以下简称“中国式摔跤标准”），以期为更规范、科学、系统地评价学生中国式摔跤运动能力提供可靠依据和可操作的方法，为促进学生体育核心素养的培育发挥支撑作用。

“中国式摔跤标准”于2024年5月28日，由国家市场监督管理总局、国家标准化管理委员会批准发布。为进一步促进该标准的推广和应用，更好地服务于体育教学改革、体育教育质量监测等教育教学与评价工作，标准研制团队又编写了《〈中国式摔跤课程学生运动能力测评规范〉解读》。本书深度解析标准研制依据，精准把握标准测评内容，生动展示标准测评方法，提供权威标准测评工具，可作为“中国式摔跤标准”培训权威指导用书。

于素梅

中国教育科学研究院体育美育教育研究所

目录

第一章

《中国式摔跤课程学生运动能力测评规范》概述

一、基本内容

（一）结构与主要内容

“中国式摔跤标准”从范围、规范性引用文件、术语和定义、等级划分与达标要求以及运动能力测评 5 个部分进行了描述。（表 1–1）

表 1–1　《中国式摔跤课程学生运动能力测评规范》结构与主要内容

基本框架	规定内容	具体内容
范围	规定本标准的适用范围	适用于小学、初中、高中、大学各学段学生中国式摔跤运动能力测评
规范性引用文件	标注本文件引用的规范性引用文件	本文件没有规范性引用文件
术语和定义	界定标准主要涉及的术语和定义（全文出现 2 次及以上）	8 条术语包括中国式摔跤课程学生运动能力、跤绊、跤架、把位、手法、步法、快摔、空练
等级划分与达标要求	明确测评等级划分和各等级达标要求	1. 等级划分：6 个等级（一级到六级） 2. 各等级达标要求：测评内容、观测点、合格要求、达标要求
运动能力测评	规定各等级测评方法	各等级测评场地器材、测评员工作、测试步骤

（二）术语和定义

3 术语和定义

下列术语和定义适用于本文件。

3.1

中国式摔跤课程学生运动能力　student's athletic ability of Chinese wresting course

学生在中国式摔跤课程学练赛活动中形成的，应用抢手、攻防跤绊等运动技能完成特定任务的综合表现。

3.2

跤绊　wrestling jiaoban

所有摔倒对手技术动作的统称。

3.3

跤架　wrestling stance

中国式摔跤实战时双方保持的站立预备姿势。

3.4

把位　hand position

训练和比赛中抓握对方跤衣或身体的具体部位。

3.5

手法　hand techniques

抓握对方跤衣或身体及制约对方技术的方法。

3.6

步法　move pace

利用脚步变化保持身体平衡的方法。

3.7

快摔　quick wrestling

一种双人配合进行“快速摔倒对方”以提高技能的训练方法。

3.8

空练　shadow boxing

基本功、基本技术动作徒手训练的方法。

1 “中国式摔跤标准”术语定义及解释

由于中国式摔跤技术动作多且复杂，因此对部分术语作进一步解释。（表 1–2）

表 1–2 “中国式摔跤标准”术语定义及解释

适用等级	术语	解释
一级到六级	跤绊	中国式摔跤技术动作比较多，常用“跤绊”一词概述所有摔倒对手的技术动作
一级到六级	跤架	跤架是所有跤绊技术动作运用之前的准备动作。中国式摔跤强调“站对跤架赢人”。跤架是双方进行拿摔的基本姿势。好的站架重心稳定、身轻步活，既利于进攻，又利于防守。常用的跤架技术有左架、右架、高架、矮架、小车架等
三级、六级	把位	由于中国式摔跤是身穿跤衣进行练习和比赛的项目，因此正确掌握抓握对方跤衣或身体的各种手法至关重要。常用的抓握把位及手法有小袖偏门、小袖大领、小袖直门、小袖反挂门、小袖中心带、两把小袖、中心带偏门、小袖后中心带、小袖软门、徒手搂抱等。底手一般抓对方小袖或偏门，上手抓握位置比较灵活
	手法	中国式摔跤讲究手眼身法步，手法是中国式摔跤的核心技法。最基本的手法分为底手和上手。底手是指比赛时要抢先抓住对方小袖的手（一般为后腿的同侧手），其揪抓的主要部位有小袖、直门等。上手也称活手，是指与底手配合攻击对方的手，上手可根据进攻动作的需要，灵活地揪抓不同的把位。手法的抓握有偏门小袖、小袖大领等；手法技术包括蹬手、咧手、圈手、壁手、搓手、拿手、叼腕、摞手、借手、送手、封手、散手、紧手、换手、带把。比赛中常见的手法技术有：抢底手（自己底手快速抓住对方小袖或直门的手法技术）；散手（自己双手控制对方手腕、手臂，不抓跤衣的手法技术，进攻技术多为抱腿类）；小袖大领（自己底手快速抓住对方小袖，上手抓住对方大领的手法技术）
三级、四级	步法	步法是中国式摔跤的核心技法，步法决定着腰身转动的方向和身法的变化，是保证运动员身体平衡和把握攻防技术运用的关键。步法有上步、背步、蹦步、横步、盖步、滑步、倒插步、赶步、蹦步等。步法中的常见腿法：跪腿、盘腿、抽腿、蹬腿、缠腿、大崴桩、小崴桩、里刀、回马勺、蹲踢腿、长腰踢、崴桩踢、盖步踢、搓窝、挡腿踢等。步法与身法（近身、贴身、离身、闪身、直腰、塌腰、涮腰、翻腰、入腰、晃腰、横腰、扎头、甩头、变脸、揹头、抬头、看天、仰头）关系密切、相辅相成
一级到六级	快摔	快摔是中国式摔跤跤绊动作由生疏到熟练的一种重要教学方法与训练手段，是练习者从“学会跤绊动作”到“练熟动作形成能力”的重要途径
一级到六级	空练	中国式摔跤注重个人基本功，空练就是指练习者在无须其他人配合的情况下进行基本功、基本跤绊动作的徒手训练。中国式摔跤基本功分为徒手基本功和器械基本功。其中，徒手基本功包括训练手法、步法、身法的各种基本功，如抢手、开手、背步、蹦步、崴桩、四步崩子、涮腰、长腰、长背、踢腿、蹲踢、盖步踢、崴桩踢、抽腿、跳八扇、四眼揣、上步揣、盖步揣、拉揣、勾子、搓窝、扦别、手别子、矮走及各种绊子空动作

2 “中国式摔跤标准”新增术语及定义

（1）劲：“劲”是各肌群协同配合产生出来的一种“共力”或“合力”。通常是表达某种技术和能力运用的“火候”，常用表达有听劲、卸劲、借劲、脆劲等。

（2）切入：双人配合式跤绊技术动作的分解练习方法，只进行技术动作的“手法、步法、身法”的配合训练，不将对方摔倒，主要练动作速度与四肢配合协调性。分为单一技术切入和组合技能切入两种形式，是提高中国式摔跤运动能力的一种重要训练内容和手段。

（3）盘腿：练习腿部灵活性的一种方法。两腿开立，约与肩宽，膝关节微屈，双手叉腰或自然下垂，左脚从右膝向上盘踢至腰胯处，形同踢毽，左右腿交替，反复练习。

（4）捅：用底手揪住对方的小袖，借助腰腿的力量用手捅推对方，使对方无法近身的手法技术。“猛捅”既是跤术技法里的“实招”也是“虚招”，既是进攻跤绊也是反攻跤绊，通常用于推对方出界或诱使对方产生错觉而进招。

（5）撕：左右手配合步法解脱对方抓握把位的手法技术。走跤步来回换手，左右手配合步法，用力向后或两边撕，挣脱对方抓握自己的手法把位，并使对方不能反揪。

（6）底手与上手：“底手”是指率先出击揪抓对方小袖、直门把位的手，一般抓好后不再换把位。“上手”是指主要进攻对方的手，上手可根据进攻动作的需要，灵活地揪抓不同的把位，即“换上手”。

（7）前腿与后腿：跤架站立后，靠前的腿为前腿（也称主攻腿），后面的腿为后腿（也称桩子腿）。

（8）打闪纫针：用来形容中国式摔跤技术运用的速度与变化。中国式摔跤实战中使用技战术讲究快、准、稳。快能使动作突然，让对方措手不及。

（9）来回劲：攻防技术变化的意识和能力。中国式摔跤实践时，使用一前一后、一左一右相向配合的“使力用劲”动作，以体现攻防技术的变化。

（三）等级划分与测评内容

中国式摔跤课程学生运动能力分为6个等级。一级和二级是夯实基础期，三级和四级是提高能力期，五级和六级是发展特长期，一级到六级的运动能力逐级提高。

“中国式摔跤标准”按照一级到六级能力进阶的考查要求，设计了各等级对应的测评内容。（表 1–3）

表 1–3　中国式摔跤课程学生运动能力测评内容与能力要求

等级	评价内容		能力要求
一级	单个动作	后倒地	受测者达到一级应具有摔倒着地时运用后倒地动作方法保护自己的能力，能运用盘腿化解对方进攻并保持自身重心稳定的能力，在对抗中快速连贯运用抠腿—抱单腿动作，破坏对手重心平衡的能力
		盘腿	
	跤绊动作	抠腿—抱单腿	
二级	单个动作	侧前滚翻倒地	受测者达到二级应具有在移动中意外摔倒时运用侧前滚翻倒地保护自己的能力，通过崴桩锻炼身体的旋转和平衡的能力，在对抗中快速连贯运用脑切—冲抱双腿技术动作的能力
		崴桩	
	跤绊动作	脑切—冲抱双腿	
三级	单个动作	抢手	受测者达到三级应具有通过抢手锻炼抢抓有利把位并有效抑制对方进攻的能力，在对抗中运用上步背步等步法灵活移动进行攻防的能力，在对抗中利用抢手技术控制对方并使用掏腿——搀管技术动作破坏对手平衡的能力
		上步背步	
	跤绊动作	掏腿—搀管	
四级	单个动作	抽腿	受测者达到四级应具有通过抽腿锻炼腰腿配合协调能力和保持重心稳定的能力，在对抗中运用蹦步快速移动脚步，并利用身体形成最佳进攻角度组织进攻的能力，在按中国式摔跤竞赛规则进行 2 分钟的比赛时能熟练运用跤绊技术（如中心带崴—跪腿）摔倒对手的能力
		蹦步	
	跤绊动作	中心带崴—跪腿	
	比赛	技战术运用	
五级	单个动作	长腰	受测者达到五级应具有通过长腰、四步崩子练习，培养跤绊动作学练所需要的身体平衡、旋转发力与步法身法协调配合的能力；在对抗比赛中通过使用崴桩破坏对手平衡后，再使用跪腿动作来摔倒对手的能力；“引力集中、借力打力”的技战术动作运用能力；在按中国式摔跤竞赛规则进行的 2 分钟 1 局，共 2 局的正式比赛中合理运用技战术，并利用规则赢得比赛的能力
		四步崩子	
	连贯跤绊	崴接跪腿	
	比赛	技战术运用	
六级	单个动作	开手	受测者达到六级应具有使用开手摆脱对方抓握并保持重心稳定迅速开展进攻的能力；用勾子发展单腿支撑平衡的能力；在比赛中合理运用抠腿、抱单腿、中心带崴、掏腿、搀管、崴接跪腿等技战术及动作连贯组合运用的能力；在按中国式摔跤竞赛规则进行的 3 分钟 1 局，共 2 局的正式比赛中综合运用技术、战术、体能、心理、智能，能遵守规则并利用规则赢得比赛的能力
		勾子	
	比赛	技战术运用	

（四）场地器材

5.1 场地器材

测评场地、器材按如下规定：

a） 场地：摔跤垫子 1 块（边长为 14 m×14 m，厚度为 6 cm～8 cm），如图 1 所示；

b） 器材：跤衣 12 套，测试表格若干，口哨 2 个，秒表 2 块。

单位为米

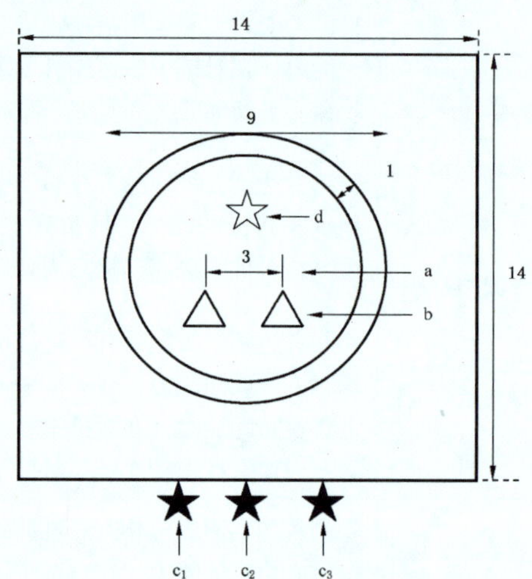

标引序号说明：

a ——比赛开始线；

b ——受测者位置；

c_1、c_2、c_3——测评员位置；

d ——裁判员位置。

图 1 中国式摔跤课程学生运动能力测试示意图

1 中国式摔跤垫子

中国式摔跤垫子是厚度为 6 cm ~ 8 cm，渗透深度小于或等于 38 mm，接触回弹时间小于或等于 50 ms，能量吸收大于或等于 70%，最大加速瞬间碰撞强度小于或等于 30 g 的 EVA 材质的垫子。比赛区是指场地中心直径为 9 m 的圆形区域，比赛区中间相距 3 m 的两端标出红蓝标志线，面向裁判台左红右蓝，标志线长 60 cm，宽 6 cm。

2 中国式摔跤服装

（1）跤衣

跤衣颜色为白色，衣襟、袖口边缘缝有 3.5 cm 宽的红色或蓝色的色带。布料成分为全棉或含棉量不低于 70% 的棉布，不可过厚、过硬或者过滑。受测者着摔跤衣后抬肘关节与肩关节齐平后屈臂 90 °，袖口尺寸不小于 8 cm。

（2）跤带

跤衣带子宽度为 3.5 cm，厚度为 0.6 cm，颜色为单色（白色、红色或蓝色）。扎腰带时，跤带必须穿过穿孔由腹前绕至后腰，第 2 圈再绕回腹前打扁结，打节后带子余长 35 cm ～ 40 cm。

（3）跤裤

跤裤为直腿裤，底部与踝骨持平。布料为全棉或含棉量不低于 70% 的棉布，颜色与跤衣相同，沿裤缝外侧缝有 3.5 cm 宽的红色或蓝色的色带。

（4）跤鞋

跤鞋为软底高腰跤鞋，底部为浅色，颜色与跤衣颜色一致或黑色。

图 1–1　跤衣和跤裤

图 1–2　跤鞋

（五）测评员工作

5.2　**测评员工作**

测评工作应由 3 名测评员和 1 名裁判员完成，按以下规定进行测评：

a）　测评员左右间隔 1 m 并排坐在场地的正前方，如图 1 所示；

b）　单个动作或跤绊动作计时测评时，其中 1 名测评员兼计时；

c）　依据单个动作、跤绊动作和比赛的观测点对受测者完成情况进行测评；

d）　在比赛中由 1 名裁判员执裁，遇到双方使用危险动作及时叫停；

e）　3 名测评员记录动作完成情况，综合评定是否合格。

1 测评员条件

（1）具备中国式摔跤二级运动员证书的人员，可以在进行相应培训后担任测评员。

（2）具备中国式摔跤国家三级裁判员资格的人员可以担任裁判员，裁判员在场上执裁时，要承担运动员安全警示、提醒与身体护卫工作。

2 测评员职责

测评工作由 3 名测评员完成，其中 1 名为主测评员，主测评员可兼场上裁判员。在进行单个动作或跤绊动作测评时，有 1 名测评员负责计时，进行时间提醒与时长控制。3 名测评员分别记录成绩，最后汇总，综合评定受测者是否合格。3 名测评员站位如图 1 所示。具体任务分工如下。

（1）1 号测评员（主测评员）

①坐在测试场地 c1 区，检查进入测试区 a 区的 2 名受测者着装及行礼情况。

②向受测者讲解测试内容、达标标准及测试要求，用秒表计时并发出“开始”与“结束”指令。

③按照测评要求独立进行评价，并召集其余两位测评员商讨并评定受测者合格情况。

（2）2 号测评员

①坐在测试场地 c2 区，按照单一动作、跤绊动作与比赛 3 项测评内容各观测点的合格要求观测受测者在测试中的表现，并按照测评要求独立进行评价。

②协助 1 号测评员完成相关工作。

（3）3 号测评员

①坐在测试场地 c3 区，根据受测者表现，按照动作要求独立进行评价。

②督促受测者在完成测试后离场，收取 3 名测评员的测评记录表。

（4）裁判员

①在场地内组织受测者按先后顺序排队测试。在比赛中担任场上裁判，遇到双方使用危险动作的情况时及时叫停。

②引导受测者进入测试区或退场。

二、使用建议

“中国式摔跤标准”适用于小学、初中、高中、大学各学段学生中国式摔跤运动能力的测评。本标准充分考虑体育教学、体育学业质量评价、体育教育质量监测等工作的使用需要，结合不同地区、不同学段的学校体育开展实际，综合考量标准在全国的推行和实施难度，确保标准具备广泛的适用性。

（一）可应用于体育教学

“中国式摔跤标准”可应用于体育教学，从教学组织、教学设计、教学方法等方面入手，为学生提供更加科学化、个性化的教学服务，提高中国式摔跤课程的教学质量和效果，促进学生全面发展和健康成长。

1 教学组织

（1）选项走班

选项走班是一种灵活的教学组织形式，允许学生根据自己的兴趣、能力和需求选择适合自己的专项运动班级进行学习。在中国式摔跤课程中，教师可以结合“中国式摔跤标准”，设置不同教学难度的班级，以满足学生的个性化需求。教师可以根据标准中每个等级对应的中国式摔跤课程进行授课。学生可以根据标准对标自己的中国式摔跤运动能力等级，选择对应的班级上课，这样可以确保学生在适合自己的教学环境中学习中国式摔跤，从而提高学习效果。

（2）分层教学

分层教学是根据学生的实际情况，如技能水平和学习能力等，将学生分为不同的层次进行教学。在中国式摔跤课程中，教师可以结合“中国式摔跤标准”，将学生进行合理分层，如分为初级、中级和高级等不同层次。初级学生可以从零基础开始，通过学习达到一级和二级水平；中级需要学生已经具备二级水平，可以开始学习三级对应的难度内容，直至达到四级水平；高级需要学生已经达到四级水平，通过学习可以向五级、六级水平发展。针对不同层次的学生，教师可以设置不同的教学目标、教学内容和教学方法。

2 教学设计

在教学中，结合“中国式摔跤标准”的教学理念，以促进学生全面发展为目标，以激发学生兴趣为引导，通过科学、系统的教学设计，提升学生的中国式摔跤运动能力，促进学生身心健康发展。中国式摔跤课程教学设计主要包括模块教学设计、单元教学设计和课时教学设计三部分。

（1）中国式摔跤模块教学设计

中国式摔跤课程学生运动能力按难度逐级进阶设定了6个等级。与这6个等级相对应，将中国式摔跤项目教学内容分为6个模块：模块一和模块二为夯实基础期，对应运动能力的一级和二级；模块三和模块四为提高能力期，对应运动能力的三级和四级；模块五和模块六为发展特长期，对应运动能力的五级和六级。6个模块内容纵向衔接，层层递进。

在进行中国式摔跤项目模块教学设计时，教师还应考虑以下关键点：首先，根据学生的实际情况，挑选适合他们的模块进行教学；其次，重视阶段性评估，以便及时对教学方案进行反馈和调整；最后，确保中国式摔跤教学内容的全面性，根据学生的学习进度，合理安排每个模块的知识学习、技能练习、体能练习等。

（2）中国式摔跤单元教学设计

中国式摔跤单元教学设计遵循每个模块的教学框架，将模块内容划分为几个相互关联的大单元，并进一步将这些内容分配到每次课程的教学计划中。依据《义务教育体育与健康课程标准（2022 年版）》中的“健康第一”和“教会、勤练、常赛”的课程理念，每个单元均设置学习内容、练习内容和比赛内容，确保各个单元的学习、练习和比赛内容能够有机地结合在一起。

在进行中国式摔跤单元教学设计时，教师需重点考虑以下方面：首先，依据教学对象和单元学习内容，合理安排总课时数，考虑到不同教学阶段和学生学习能力的差异，课时数量应做出适当调整；其次，确保每个课时的教学目标能够具体反映单元目标，且各课时目标之间应呈现逐步递进的关系；最后，应挑选恰当的教学组织形式和教学方法。

（3）中国式摔跤课时教学设计

中国式摔跤课时教学设计是在单元教学设计的基础上，结合学校的具体场地设施、器材资源以及班级学生的实际情况，对中国式摔跤教学中的各个要素进行详细规划和设计，其目的是构建一个融学习、练习、竞赛和评价于一体的中国式摔跤课程教学体系，从而形成一个完整的课堂教学实施方案。

在进行中国式摔跤课时教学设计时，需要特别关注以下几个关键要素：首先，应设定具体、可衡量的教学目标，并灵活运用多种教学手段和方法，以情境式深度教学的方式，激发学生的学习兴趣和参与热情。其次，应合理安排学生的运动负荷和练习密度，确保学生在安全的前提下，能够充分参与中国式摔跤学练，从而达到最佳的学练效果。最后，应注重课堂过程性评价，通过观察、记录和反馈，及时了解学生的学习进展和存在的问题，从而调整教学策略，帮助学生在中国式摔跤学练中不断进步和成长。

3 教学方法

教学中采用多样化的、适宜的教学方法可以帮助学生更好地发挥自己的优势，弥补自己的不足，提高学习效果。在中国式摔跤课程中，教师可以根据学生的身体状况、心理特征、兴趣爱好等方面的差异，采用不同的教学方法和手段进行教学。例如，对于身体素质较差的学生，教师可以采用渐进式的教学方法，逐步提高学生的身体素质；对于心理素质较差的学生，教师可以采用鼓励式的教学方法，帮助学生建立自信、提升勇气；对于兴趣浓厚的学生，教师可以采用拓展式的教学方法，引导学生深入学习和探索中国式摔跤的乐趣。基于学生的运动能力差异，中国式摔跤课程教学可以有针对性地安排教学内容和练习方法，以适宜每个学生的发展需求。

（二）可应用于体育中考

对于将中国式摔跤列为体育中考项目的地区，“中国式摔跤标准”可以优化考试方案，提升该项目体育中考的公平性，丰富体育中考的选择性。“中国式摔跤标准”不仅能够更好地评估学生的中国式摔跤运动能力，还能够促进中国式摔跤课程的普及和发展。

1 优化考试方案

将“中国式摔跤标准”作为参考依据，可以对体育中考考试方案进行优化。通过调整考试内容，确保其更准确地评估学生的中国式摔跤技能掌握情况和运动能力形成情况。

2 提升公平性

“中国式摔跤标准”的引入，有助于消除地域、学校之间的差异，确保所有学生在相同的标准下接受评价。这不仅能够增强考试的公正性和公平性，还能够促进各地、各学校之间中国式摔跤教学的交流与合作，还能够比较不同区域间学生中国式摔跤运动能力的差异。

3 丰富选择性

将中国式摔跤测评纳入体育中考，可以为学生提供更多的选择机会。学生可以根据自己的兴趣和特长选择是否参加中国式摔跤考试，有助于促进学生的个性化和多元化发展。

（三）可应用于质量监测

“中国式摔跤标准”可应用于质量监测，为监测学生体能提供明确的指标，还能在此基础上增加对专项运动能力的监测，有助于提升教育质量，促进区域比较，并为教育决策提供可靠依据。

1 使体育教育质量监测更科学

通过这一标准，教师可以更加准确地评估学生的中国式摔跤运动能力，从而制订更有针对性的教学计划。同时，学生也能根据自己的实际情况，选择适合自己的学习内容和进度，提高学习效果。

2 全面评价学生中国式摔跤运动能力

在过去，体育教育往往只关注学生的体能水平，而忽视了专项运动能力。通过增加对专项运动能力的监测，教师可以更加全面地了解学生的中国式摔跤运动能力，从而更好地指导学生的学习和锻炼，促进学生中国式摔跤运动能力的提高。

3 促进区域比较

标准是全国统一的，不同地区、不同学校的学生都可以按照相同的标准进行测评。我们可以更加客观地比较不同地区、不同学校之间的中国式摔跤教育水平，有针对性地提出可行的解决方案。例如，统计各地区学习中国式摔跤的学生有多少达到了二级水平，各地区学习中国式摔跤并达到二级水平的学生占全体学生的比例等。通过达到不同等级的比例数据，能够比较区域体育教育质量的差异。

4 为教育决策提供可靠依据

通过对学生中国式摔跤运动能力的科学评价，教师可以了解学生在中国式摔跤学习中的优势与不足，进而调整教学计划和策略，提高教育质量。同时，这一结果也可以作为教育评估的重要指标之一，为教育政策的制定和调整提供有力支持。

（四）可应用于督导评估

“中国式摔跤标准”的制定和实施，不仅能准确评估学生的中国式摔跤运动能力，还能有效反映学校体育发展的整体水平，对于督导评估学校体育发展水平以及推动中国式摔跤教育的质量提升具有重要意义。在学校体育督导评估指标体系中，可以将学生运动能力应达到的等级作为其中一项重要指标，使督导评估工作更加客观、精准，也更能反映学校体育发展水平。

1 课程建设

通过中国式摔跤课程学生运动能力测评，可以检验中国式摔跤课程的教学内容、教学方法是否科学合理，能否满足学生的实际需求，进而推动中国式摔跤课程建设的不断完善和优化。

2 师资强化

中国式摔跤课程学生运动能力测评的结果可以反映教师的教学水平和专业能力。通过对测试结果的分析，可以发现教师在教学中的优势和不足，进而有针对性地开展培训，提升教师专业能力。

3 学生参与

中国式摔跤课程学生运动能力测评可以激发学生参与中国式摔跤运动的兴趣。通过参与测试，学生可以了解自己的中国式摔跤运动水平，明确学习目标和方向。同时，测试结果也可以作为选拔优秀学生参加更高级别比赛或活动的重要依据。

4 条件改善

中国式摔跤课程学生运动能力测评对场地、器材等设施条件提出了一定的要求，这有助于推动学校加大对体育设施建设的投入力度，改善体育教学条件，为学生提供更好的体育锻炼环境。

三、实施保障

（一）规范测评方法

学生运动能力测评是一个复杂的过程，只有测评方法合理，测评结果的准确度才会有保障。第一，测评需要有专业的场地、器材，场地、器材既要符合测评相应等级的要求，也要与学生的年龄特点和发展实际相一致。第二，测评需要有专业的测评员，测评员不仅要懂得中国式摔跤各等级测评内容、达标要求、测评步骤等，还要具有公平、公正的测评专业素养，这是测评工作能够合理、有序开展的重要保障。第三，测评手段要多元化，从人工到智能的方式逐渐过渡，最终采用智能的方式测评学生的运动能力发展水平。在初期智能测评工具开发尚不完善的时候，可以通过人工测评的方式实施测评工作。随着智能测评工具的不断开发和完善，智能测评应逐渐渗透其中。智能测评不仅能在一定程度上减轻人工测评的负担、降低组织测评工作的复杂性，而且能提升测评的客观性和精准度，并通过大数据对测评结果做及时反馈，同时大大提高运动能力标准的普及程度和应用范围。

（二）加强培训

为了确保“中国式摔跤标准”在全国范围内有效推广和应用，提升中国式摔跤课程教学质量和测评教师的专业素养，需要加强测评教师的培训工作。在培训目标方面，要让教师深入理解“中国式摔跤标准”的核心理念和测评要求，掌握中国式摔跤课程学生运动能力测评的具体方法和技巧，提升测评教师的专业素养和教学能力，确保测评工作的准确性和公正性。在培训内容方面，可以采用理论与实践相结合的形式，将标准培训与教学改革相结合，让教师了解“中国式摔跤标准”建设的要求，加强测评工作的规范性，交流学习如何通过教学让学生达到相应的运动能力等级。在培训形式方面，可以采用线上线下相结合的方式。线上培训可依靠数智赋能，提供线上视频教程、在线答疑等服务，方便教师随时随地进行学习；线下培训可组织集中培训，邀请专家授课和现场指导，确保教师能够全面掌握测评技能和教学方法。总之，通过“中国式摔跤标准”的培训，能够提升测评教师的专业素养和教学能力，为“中国式摔跤标准”的推广和应用奠定坚实基础。

（三）开展试点

试点工作开展前，项目组核心成员需要制定规范的测评员培训和考核办法，在测评员了解“中国式摔跤标准”的测评流程和评定办法的前提下开展测评工作。试点工作的实施，第一是确立试点区和试点校。可以在前期已经确立的试点区和试点校中开展试点工作，也可以在后续征集试点区和试点校的活动中扩大试点范围，其目的是能够让更多的区域和学校会用标准、用好标准，使标准更好地服务于学生的全面发展，促进学校体育高质量发展。第二是研制试点工作方案，包括教学改革试点工作方案、质量监测试点工作方案、体育中考试点工作方案、督导评估试点工作方案等，有组织地开展试点工作才能更有成效，并通过方案实施获取有益经验。第三是组织开展试点工作实践，不同的试点区和试点校可以结合区域和学校实际情况选择一种或多种试点方案，组织开展试点工作，在试点工作实践中不断优化试点工作。第四是组织开展试点经验展示交流活动，让有经验的试点区和试点校作为示范典型在全国范围内宣传和推广，让其他地区和学校学习借鉴，使标准发挥更大的作用。

第二章

中国式摔跤课程学生运动能力一级测评

一、一级达标要求

4.2　等级达标要求

4.2.1　一级达标要求

4.2.1.1　一级测评内容及要求应符合表 1 的规定。

表 1　一级测评内容及要求

测评内容		观测点	合格要求	
单个动作	后倒地	动作规范性	下蹲，低头收下颌，两掌掌心同时向下用力拍地，以减缓落地对身体的冲击震动	完成动作 3 次
		下蹲与勾头角度	下蹲膝关节弯曲角度 90°，低头收下颌，下巴贴近锁骨，上下肢配合协调	
		双手小臂与手掌状态	双手小臂与手掌同时向下拍击垫子，五指并拢力量大，能起到缓冲作用	
		失误次数	≤1 次	
	盘腿	动作规范性	两脚开立约宽于肩，膝关节微曲，双手自然下垂，左脚由右膝向上盘踢至腰胯处，形同踢毽状	完成动作 3 次
		膝关节角度	两膝关节微微弯曲	
		脚经由膝盖向上盘位置	上盘腿脚心向上经由膝盖向上盘踢至腰胯处	
		失误次数	≤1 次	
跤绊动作	抠腿—抱单腿	动作规范性	抠腿：上步快，动作协调，上手下推有力； 抱单腿：上步快，跟步及时，双手向上提拉有力	10 s 完成次数： 男≥2； 女≥2
		发力方向	抠腿：向对方身后发力； 抱单腿：向对方体侧发力	
		力的作用点	对方身体受力的作用点准确	

4.2.1.2　一级测评内容所有观测点均应达到表 1 规定的合格要求，每名测评员均判定合格为达标。

解读

1 单个动作——后倒地

受测者保持两膝弯曲，身体向后倒地，勾头，使肩背着地。着地的同时双手拍击垫子，身体适度紧张，以减缓倒地时对身体的冲击和震动。（图 2–1）

图 2–1　后倒地

2 单个动作——盘腿

受测者两腿开立呈骑马裆，双手叉腰或自然下垂。左腿由右膝上盘至胯部，形同踢毽，上下肢协调配合，左右交替。（图 2–2）

图 2–2　盘腿

3 跤绊动作——抠腿—抱单腿

（1）抠腿：以双方都是右架为例，施技方擸小袖偏门，上前腿至对方两腿间，

用底手从对方前腿外侧抠膝窝处，用力回拉，同时上手猛按对方胸前，向前俯身低头，将对方摔倒。(图 2–3)

图 2–3　抠腿

（2）抱单腿：施技方攥对方双手，上前腿跟后腿，双手抱住对方前腿向上提抱，以肩压对方的大腿（或者用手挡住对方支撑腿），将对方摔倒。(图 2–4)

图 2–4　抱单腿

二、一级测评方法

5.3　一级测评

5.3.1　单个动作——后倒地

受测者测试步骤如下：

a）　2 名受测者面向测评员站在摔跤垫子上，听到指令行拱手礼，开始测试；

b）　受测试者做正面示范，按照后倒地动作方法，每个动作连续做 3 次；

c）　测试后行拱手礼。

每名受测者 1 次测试机会。

5.3.2 单个动作——盘腿

受测者测试步骤如下：

a) 2名受测者面向测评员站在摔跤垫子上，听到指令后行拱手礼，开始测试；

b) 按照盘腿动作方法，每个动作双腿连续做3次；

c) 测试后行拱手礼。

每名受测者1次测试机会。

5.3.3 跤绊动作——抠腿—抱单腿

受测者测试步骤如下：

a) 2名受测者在摔跤垫子上相对而立，听到指令后互行拱手礼，开始测试；

b) 进行10 s内跤绊动作“抠腿、抱单腿”双人配合连续“快摔”；

c) 2名受测者相互配合，分别测试，测试后行拱手礼。

每名受测者1次测试机会。

1 测评方法

（1）单个动作——后倒地、盘腿

①受测者12人一组，10人候场，2人站在摔跤垫子（直径9 m）的红蓝标志线上，面向测评员，听到指令后行拱手礼，开始测试。

②受测者做正面示范，按照后倒地、盘腿动作方法，每个动作连续做3次。

③受测者测试前和结束后行拱手礼。每位受测者有1次测试机会。

④3名测评员对2名受测者“后倒地、盘腿”动作的空练完成质量进行评价，每名测评员独立进行评价。

（2）跤绊动作——抠腿—抱单腿

①2名受测者在摔跤垫子上保持跤架姿势相对站立，听到指令后互行拱手礼，开始测试。

②受测者进行抠腿—抱单腿跤绊动作双人配合连续快摔，限时10 s。2名受测者相互配合，先后分别完成测试。

③受测者测试前和结束后行拱手礼。每名受测者有1次测试机会。

④ 3 名测评员对 2 名受测者 10 s 内抠腿—抱单腿跤绊动作双人配合快摔完成情况进行评价，完成 2 个为合格，每名测评员独立评价。

2 一级测评流程

受测者 12 人一组，10 人在场地边成两路纵队候场，2 人站在摔跤垫子（直径 9 m）的红蓝标志线上，由 3 名测评员对 2 名受测者进行技能测评。

具体测试步骤如下：

（1）2 名受测者在裁判员引导下到达测试区 a 区摔跤垫子的红蓝标志线上，准备测试。

（2）2 名受测者准备就绪后举手示意，待 1 号测评员发出“开始”指令后，开始进行单个动作后倒地、盘腿的测评，每个动作每人做 3 次。

（3）完成单个动作后倒地、盘腿测评后，2 名受测者听 1 号测评员指令，进行下一项跤绊动作“抠腿—抱单腿 10 s 快摔完成个数”的测评。

（4）全部测评结束后，由裁判员引导受测者安全退场。

三、一级测评工具

中国式摔跤课程学生运动能力一级测评工具如表 2-1 所示。

表 2-1　中国式摔跤课程学生运动能力一级测评记录表

序号	姓名	性别	后倒地				盘腿				抠腿—抱单腿				学生达标情况 达标“P” 不达标“N”	人数统计
			动作规范性	下蹲与勾头角度	双手小臂与手掌状态	失误次数	动作规范性	膝关节角度	脚经由膝盖向上盘位置	失误次数	动作规范性	发力方向	力的作用点	10 s 完成次数		
01	×××	女	√	√	√	√	√	√	√	√	√	√	√	√	P	
02	×××	女	√	√	√	√	√	√	√	√	√	√	√	√	P	
03	×××	男	√	√	√	√	√	√	√	√	√	√	√	√	P	
04	×××	男	√	√	√	√	√	√	√	√	√	√	√	×	N	

续表

序号	姓名	性别	后倒地				盘腿				抠腿—抱单腿				学生达标情况 达标“P” 不达标“N”	人数统计
			动作规范性	下蹲与勾头角度	双手小臂与手掌状态	失误次数	动作规范性	膝关节角度	脚经由膝盖向上盘位置	失误次数	动作规范性	发力方向	力的作用点	10 s完成次数		
05	×××	男	√	√	√	√	√	√	√	√	√	√	√	√	P	达标8人 不达标4人
06	×××	男	√	√	×	√	√	×	×	√	√	√	√	√	N	
07	×××	男	√	√	√	√	√	√	√	√	√	√	√	√	P	
08	×××	男	√	√	√	√	√	√	√	√	√	√	√	√	P	
09	×××	女	√	×	√	√	√	√	√	√	√	√	√	√	N	
10	×××	女	√	√	√	√	√	√	√	√	√	√	√	√	P	
11	×××	女	√	√	√	√	√	√	√	√	√	√	√	√	P	
12	×××	女	√	√	√	√	√	√	√	√	√	√	√	×	N	
各观测点合格人数小计			12	11	11	12	12	11	11	12	12	12	12	10		
各观测点不合格人数小计			0	1	1	0	0	1	1	0	0	0	0	2		

备注：

1. 学校名称：__×××学校__　　学校类型：（01 城镇 /02 乡村）__01__

2. 学段（幼儿 01/ 小学 02/ 初中 03/ 高中 04/ 大学 05）__02__参加测试人数__12__

测评员：　　　　记录时间：　　年　　月　　日

四、一级测评操作视频

一级测评操作视频

第三章

中国式摔跤课程学生运动能力二级测评

一、二级达标要求

4.2.2　**二级达标要求**

4.2.2.1　二级测评内容及要求应符合表 2 的规定。

表 2　二级测评内容及要求

测评内容		观测点	合格要求	
单个动作	侧前滚翻倒地	动作规范性	单手前伸撑地，同时曲臂低头，团身侧转，以肩侧、背依次着地向前方翻滚一周，继而迅速起身	完成动作 3 次
		低头侧前滚与团身	滚动流畅，动作连贯	
		勾头与拍地	拍地有力，能以“团身勾头滚翻”保护自己	
		失误次数	≤1 次	
	崴桩	动作规范性	两脚平行开立略宽于肩，膝关节微曲，两手半握拳于体前，以前脚掌为轴使身体向左转体，向左转体时，左腿弓右腿崩，双手经小腹前向后拉，同时双手回拉至腰后	完成动作 3 次
		以前脚掌为轴转体	两脚以前脚掌为轴转动脚后跟角度达到 90°	
		一腿弓另一腿崩直	重心左右转移平稳，动作协调	
		失误次数	≤1 次	
跤绊动作	脑切—冲抱双腿	动作规范性	脑切：后腿上步快，前腿划步快落地点准，紧底手，切上手，俯身转腰充分； 冲抱双腿：控手后，前腿上步后腿快速跟步，俯身抱双腿，拉手、挺身前顶	10 s 完成次数： 男≥2； 女≥2
		发力方向	脑切与冲抱双腿，最后向对方身后发力	
		力的作用点	对方身体受力作用点准确，动作效果明显	

4.2.2.2　二级测评内容所有观测点均应达到表 2 规定的合格要求，每名测评员均判定合格为达标。

1 单个动作——侧前滚翻倒地

受测者准备姿势站立，单手前伸，手掌撑地，同时屈臂低头，同侧脚蹬地的同时团身侧转，肩、背依次着地向前方翻滚 1 周，动作流畅，迅速起身。（图 3–1）

图 3–1　侧前滚翻倒地

2 单个动作——崴桩

受测者两脚开立，两脚距离约为 3 脚，两脚跟稍离地面，两膝微屈，两手半握拳于体前，以前脚掌为轴，运用蹬脚转髋力量使身体向左转 90°，向左转体时，左腿弓右腿崩（应为“绷”），双手经小腹从前向后拉，同时双手回拉至腰后。左右交替。（图 3–2）

图 3-2　崴桩

③ 跤绊动作——脑切—冲抱双腿

（1）脑切：以双方都是左架为例，施技方迅速用右手揪抓对方左小袖，用左手控制对方大领向左耘横，同时后脚上步（落在对方前脚外侧），前脚迅速滑步切对方前腿，转体、收腹、变脸，此时底手往回拉，上手迅速翻掌，以肘卷裹对方的脖颈，将对方摔倒。（图 3-3）

图 3-3　脑切

（2）冲抱双腿：施技方攥对方双手，上前腿，跟后腿，双手抱住对方前腿向上提抱，向前下方以肩压对方的大腿（或者用手挡住对方支撑腿），将对方摔倒。（图 3-4）

图 3-4 冲抱双腿

二、二级测评方法

5.4 二级测评

5.4.1 单个动作——侧前滚翻倒地

受测者测试步骤如下：

a） 2 名受测者面向测评员站在摔跤垫子上，听到指令行拱手礼，开始测试；

b） 按照侧前滚翻倒地动作方法，连续做 3 次动作；

c） 测试后行拱手礼。

每名受测者 1 次测试机会。

5.4.2 单个动作——崴桩

受测者测试步骤如下：

a） 2 名受测者面向测评员站在摔跤垫子上，听到指令后行拱手礼，开始测试；

b） 按照崴桩动作方法，每个动作连续做 3 次，左右方向交替进行；

c） 测试后行拱手礼。

每名受测者 1 次测试机会。

5.4.3 跤绊动作——脑切—冲抱双腿

受测者测试步骤如下：

a） 2 名受测者在摔跤垫子上相对而立，听到指令后互行拱手礼，开始测试；

b） 进行 10 s 内跤绊动作“脑切、冲抱双腿”双人配合连续“快摔”；

c） 2 名受测者相互配合，分别测试，测试后行拱手礼。

每名受测者 1 次测试机会。

解读

1 测评方法

（1）单个动作——侧前滚翻倒地、崴桩

①受测者 12 人一组，10 人候场，2 人站在摔跤垫子（直径 9 m）的红蓝标志线上，由 3 名测评员对 2 名受测者进行技能测评。

②受测者听到测评员口令后开始测试，先后分别进行侧前滚翻倒地和崴桩两个单个动作的空练，每个动作连续做 3 次。

③受测者测试前和结束后行拱手礼。每名受测者有 1 次测试机会。

④ 3 名测评员根据受测者动作完成情况独立判定受测者该项测评内容是否合格，并记录最终测评结果。

（2）跤绊动作——脑切—冲抱双腿

①受测者 12 人一组，10 人候场，2 人站在摔跤垫子（直径 9 m）的红蓝标志线上，由 3 名测评员对 2 名受测者进行技能测评。

②受测者接到测评员口令后开始测试，测试内容为 10 s 内“脑切—冲抱双腿”动作连续快摔的个数，2 名受测者相互配合，分别测试。

③受测者测试前和结束后行拱手礼。每名受测者有 1 次测试机会。

④ 3 名测评员根据 2 名受测者跤绊动作完成质量与数量独立判定受测者该项测评内容是否合格，并记录最终测评结果。

2 二级测评流程

受测者 12 人一组，10 人在场地边成两路纵队候场，2 人站在摔跤垫子（直径 9 m）的红蓝标志线上，由 3 名测评员对 2 名受测者进行技能测评。

具体测试步骤如下：

（1）2 名受测者在裁判员引导下到达测试区 a 区摔跤垫子的红蓝标志线上，准备测试。

（2）2 名受测者准备就绪后举手示意，待 1 号测评员发出“开始”指令后，开始进行单个动作侧前滚翻倒地、崴桩的测评，每个动作每人做 3 次。

（3）完成单个动作测评后，2 名受测者听 1 号测评员指令，进行下一项跤绊动作“脑切—冲抱双腿 10 s 快摔完成个数”的测评。

（4）全部测评结束后，由裁判员引导受测者安全退场。

三、二级测评工具

中国式摔跤课程学生运动能力二级测评工具如表 3-1 所示。

表 3-1　中国式摔跤课程学生运动能力二级测评记录表

序号	姓名	性别	侧前滚翻倒地				崴桩				脑切—冲抱双腿				学生达标情况 达标“P” 不达标“N”	人数统计
			动作规范性	低头侧前滚与团身	勾头与拍地	失误次数	动作规范性	以前脚掌为轴转体	一腿弓另一腿崩直	失误次数	动作规范性	发力方向	力的作用点	10 s 完成次数		
01	×××	女	√	√	√	√	√	√	√	√	√	√	√	√	P	达标 8 人 不达标 4 人
02	×××	女	√	√	√	√	√	√	√	√	√	√	√	√	P	
03	×××	男	√	√	√	√	√	√	√	√	√	√	√	√	P	
04	×××	男	√	√	√	√	√	√	√	√	√	√	√	×	N	
05	×××	男	√	√	√	√	√	√	√	√	√	√	√	√	P	
06	×××	男	√	√	×	√	√	×	×	√	√	√	√	√	N	
07	×××	男	√	√	√	√	√	√	√	√	√	√	√	√	P	
08	×××	男	√	√	√	√	√	√	√	√	√	√	√	√	P	
09	×××	女	√	×	√	√	√	√	√	√	√	√	√	√	N	
10	×××	女	√	√	√	√	√	√	√	√	√	√	√	√	P	
11	×××	女	√	√	√	√	√	√	√	√	√	√	√	√	P	
12	×××	女	√	√	√	√	√	√	√	√	√	√	√	×	N	

续表

序号	姓名	性别	侧前滚翻倒地				崴桩				脑切—冲抱双腿				学生达标情况 达标“P” 不达标“N”	人数统计
			动作规范性	低头侧前滚与团身	勾头与拍地	失误次数	动作规范性	以前脚掌为轴转体	一腿弓另一腿崩直	失误次数	动作规范性	发力方向	力的作用点	10 s 完成次数		
各观测点合格人数小计			12	11	11	12	12	11	11	12	12	12	12	10		
各观测点不合格人数小计			0	1	1	0	0	1	1	0	0	0	0	2		

备注：
1. 学校名称：× × × 学校　　学校类型：（01 城镇 /02 乡村）01
2. 学段（幼儿 01/ 小学 02/ 初中 03/ 高中 04/ 大学 05 ）02　参加测试人数 12

测评员：　　记录时间：　年　月　日

四、二级测评操作视频

二级测评操作视频

第四章

中国式摔跤课程学生运动能力三级测评

一、三级达标要求

4.2.3　三级达标要求

4.2.3.1　三级测评内容及要求应符合表3的规定。

表3　三级测评内容及要求

<table>
<tr><th colspan="2">测评内容</th><th>观测点</th><th colspan="2">合格要求</th></tr>
<tr><td rowspan="8">单个动作</td><td rowspan="4">抢手</td><td>动作规范性</td><td>运用双手与步法、身法配合抢抓利于自己攻防“跤衣把位”时，底手抓握对方小袖、偏门等把位，上手可抓握对方偏门、直门、大领、中心带等把位</td><td rowspan="4">完成动作3次</td></tr>
<tr><td>手法合理性</td><td>抢手、抓把速度快，底手与上手抓握位置正确</td></tr>
<tr><td>身体配合度</td><td>手法与步法身法配合协调、合理</td></tr>
<tr><td>失误次数</td><td>≤1次</td></tr>
<tr><td rowspan="4">上步背步</td><td>动作规范性</td><td>跤架步法的前脚为先锋，上步落点要准；后脚是后卫，背步要快，身体重心微前倾，平稳转移</td><td rowspan="4">完成动作3次</td></tr>
<tr><td>上步脚</td><td>上步迅速，落点正确，身体重心移动平稳</td></tr>
<tr><td>背步脚</td><td>背步快速，落点位置正确、及时，步法与身法配合协调</td></tr>
<tr><td>失误次数</td><td>≤1次</td></tr>
<tr><td rowspan="3">跤绊动作</td><td rowspan="3">掏腿—搀管</td><td>动作规范性</td><td>掏腿：前腿向前上步别住对方大腿后部，上手向下拉，底手抠住对方大腿向上拉；
搀管：前腿别住对方大腿，底手向下拉，上手搀住对方腋下向后推</td><td rowspan="3">10 s完成次数：
男≥3；
女≥2</td></tr>
<tr><td>发力方向</td><td>掏腿与搀管动作发力方向为对方身体侧后方</td></tr>
<tr><td>力的作用点</td><td>对方身体受力的作用点准确，摔倒效果好</td></tr>
</table>

4.2.3.2　三级测评内容所有观测点均应达到表3规定的合格要求，每名测评员均判定合格为达标。

解读

1 单个动作——抢手

受测者手法与步法、身法配合，抢抓利于自己攻防的跤衣把位，底手抓握对方小袖或直门，上手可抓握对方偏门、直门、大领、中心带等把位。抢手、抓把速度要快，底手与上手抓握位置需正确，手法与步法、身法配合应协调、合理。（图 4–1）

图 4–1　抢手

2 单个动作——上步背步

受测者跤架姿势站立，前脚先上步，落点准确，后脚紧跟，背步快速，身体稍前倾，重心平稳转移。步法与身法协调配合。（图 4–2）

图 4–2　上步背步

3 跤绊动作——掏腿—搀管

（1）掏腿：施技方底手攥小袖，上手攥偏门，用揪门的上手猛往怀里拉对方，前腿向前上步，别住对方大腿后部，上手向下拉，然后立即用底手拿对方膝关节，向上提拉，迅速将对方摔倒。（图 4–3）

图 4–3　掏腿

（2）搀管：施技方前腿别住对方前腿，底手向下拉，上手搀住对方腋下向后推。（图 4–4）

掏腿与搀管动作发力方向均为对方身体侧后方。要确保对方身体受力点准确，才能使摔倒效果好。

图 4–4　搀管

二、三级测评方法

5.5 三级测评

5.5.1 单个动作——抢手

受测者测试步骤如下：

a） 2 名受测者在摔跤垫子上相对而立，听到指令后互行拱手礼，开始测试；

b） 按照手法技术“抢手”的动作方法，与对方配合进行 3 次不同把位的抓握；

c） 测试后行拱手礼。

每名受测者 1 次测试机会。

5.5.2 单个动作——上步背步

受测者测试步骤如下：

a） 2 名受测者面向测评员站在摔跤垫子上，听到指令行拱手礼后，开始测试；

b） 连续做 3 次上步背步动作；

c） 测试后行拱手礼。

每名受测者 1 次测试机会。

5.5.3 跤绊动作——掏腿—搀管

受测者测试步骤如下：

a） 2 名受测者在摔跤垫子上相对而立，听到指令后互行拱手礼，开始测试；

b） 进行 10 s 内跤绊动作“掏腿、搀管”双人配合连续“快摔”；

c） 2 名受测者相互配合，分别测试，测试后行拱手礼。

每名受测者 1 次测试机会。

1 测评方法

（1）单个动作——抢手、上步背步

①受测者 12 人一组，10 人候场，2 人站在摔跤垫子（直径 9 m）的红蓝标志线上，由 3 名测评员对 2 名受测者进行技能测评。

②受测者接到口令后开始测试，先后分别进行抢手、上步背步两个单个动作的空练，每个动作连续做 3 次。

③受测者测试前和结束后行拱手礼。每名受测者有 1 次测试机会。

④ 3 名测评员根据受测者动作完成情况独立判定受测者该项测评内容是否合格，

并记录最终测评结果。

（2）跤绊动作——掏腿—搀管

①受测者 12 人一组，10 人候场，2 人站在摔跤垫子（直径 9 m）的红蓝标志线上，由 3 名测评员对 2 名受测者进行技能测评。

②受测者接到测评员口令后开始测试，测试内容为 10 s 内掏腿—搀管动作双人配合连续“快摔”的个数，2 名受测者相互配合，分别测试。

③受测者测试前和结束后行拱手礼。每名受测者有 1 次测试机会。

④ 3 名测评员根据 2 名受测者跤绊动作完成质量与数量，独立判定受测者该项测评内容是否合格，并记录最终测评结果。

2 三级测评流程

受测者 12 人一组，10 人在场地边成两路纵队候场，2 人站在摔跤垫子（直径 9 m）的红蓝标志线上，由 3 名测评员对 2 名受测者进行技能测评。

具体测试步骤如下：

（1）2 名受测者在裁判员引导下到达测试区 a 区摔跤垫子的红蓝标志线上，准备测试。

（2）2 名受测者准备就绪后举手示意，待 1 号测评员发出“开始”指令后，开始进行单个动作抢手、上步背步的测评，每个动作每人做 3 次。

（3）完成单个动作测评后，2 名受测者听 1 号测评员指令，进行下一项跤绊动作“掏腿—搀管 10 s 快摔完成个数”的测评。

（4）全部测评结束后，由裁判员引导受测者安全退场。

三、三级测评工具

中国式摔跤课程学生运动能力三级测评工具如表 4–1 所示。

表 4-1 中国式摔跤课程学生运动能力三级测评记录表

序号	姓名	性别	抢手				上步背步				掏腿—搀管				学生达标情况 达标“P” 不达标“N”	人数统计
			动作规范性	手法合理性	身体配合度	失误次数	动作规范性	上步脚	背步脚	失误次数	动作规范性	发力方向	力的作用点	10 s完成次数		
01	×××	女	√	√	√	√	√	√	√	√	√	√	√	√	P	达标8人 不达标4人
02	×××	女	√	√	√	√	√	√	√	√	√	√	√	√	P	
03	×××	男	√	√	√	√	√	√	√	√	√	√	√	√	P	
04	×××	男	√	√	√	√	√	√	√	√	√	√	√	×	N	
05	×××	男	√	√	√	√	√	√	√	√	√	√	√	√	P	
06	×××	男	√	√	×	√	√	×	×	√	√	√	√	√	N	
07	×××	男	√	√	√	√	√	√	√	√	√	√	√	√	P	
08	×××	男	√	√	√	√	√	√	√	√	√	√	√	√	P	
09	×××	女	√	×	√	√	√	√	√	√	√	√	√	√	N	
10	×××	女	√	√	√	√	√	√	√	√	√	√	√	√	P	
11	×××	女	√	√	√	√	√	√	√	√	√	√	√	√	P	
12	×××	女	√	√	√	√	√	√	√	√	√	√	√	×	N	
各观测点合格人数小计			12	11	11	12	12	11	11	12	12	12	12	10		
各观测点不合格人数小计			0	1	1	0	0	1	1	0	0	0	0	2		
备注： 1. 学校名称：×××学校 学校类型：（01 城镇 /02 乡村）01 2. 学段（幼儿 01/ 小学 02/ 初中 03/ 高中 04/ 大学 05）02 参加测试人数 12																
测评员：									记录时间： 年 月 日							

四、三级测评操作视频

三级测评操作视频

第五章 中国式摔跤课程学生运动能力四级测评

一、四级达标要求

4.2.4 四级达标要求

4.2.4.1 四级测评内容及要求应符合表 4 的规定。

表 4 四级测评内容及要求

测评内容		观测点	合格要求	
单个动作	抽腿	动作规范性	抽腿由上步、背步、抽腿、转脚四步完成。两脚平行开立呈马步，右脚向左脚斜前方上一步，左脚经右脚后方背步成歇步。两脚转体 180°抽右腿，从左腿大腿上抽出落回原位	完成动作 3 次
		上盘脚的位置	上盘的脚能达到腰带部位，抽出的腿必须从膝盖以上掠过	
		支撑腿转动灵活度	支撑腿以前脚掌为轴转动灵活	
		失误次数	≤1 次	
	蹦步	动作规范性	为节约动作时间，双脚同时快速腾空移动至某一位置，身体要微微腾空，以前脚掌支撑，重心平移，落点准确	完成动作 3 次
		两脚掌腾空高度	两脚掌腾空高度较低(腾空高度<3 cm)，动作灵活，移动迅速	
		腾空时长	身体腾空时间短，要<1 s	
		失误次数	≤1 次	
跤绊动作	中心带崴—跪腿	动作规范性	中心带崴：动作规范标准，使技用力顺达流畅、发力方向精准； 跪腿：动作规范，施技角度、脚步落点、发力点精准	10 s 完成次数：男≥3；女≥2
		发力方向	中心带崴向对方身前发力，跪腿向对方身后发力	
		力的作用点	对方身体受力的作用点准确，摔倒效果好	

续表

测评内容		观测点	合格要求	
比赛	技战术运用	手法与身法步法配合的协调性	对抗中“手法身法步法”配合基本协调，开手技术规范，能结合手法运用技术动作，动作发力方向正确	比赛时间≤2 min
		技战术运用的合理度	对抗中会运用技战术动作破坏对方身体重心，能判断技术运用时机，敢于运用技战术动作	
		主动进攻的积极性	战术运用合理，消极（持续 15 s 无攻防动作）较少，敢于主动运用技术动作	

4.2.4.2 四级测评内容所有观测点均应达到表 4 规定的合格要求，每名测评员均判定合格为达标。

解读

1 单个动作——抽腿

受测者两脚开立呈马步，右脚向左脚斜前方上一步，左脚经右脚后方背步成歇步。两脚同向转 180°，右腿从左腿大腿后抽出落回原位。上盘的脚达到腰带部位，抽出的腿必须从膝盖以上掠过。支撑腿以前脚掌为轴转动灵活。（图 5–1）

图 5–1 抽腿

2 单个动作——蹦步

受测者双脚同时快速腾空移动至某一位置，以前脚掌为支撑，身体微微腾空，重心平移，落点准确，腾空高度较低，腾空时间不超过 1 s。动作灵活，移动迅速。（图 5–2）

图 5-2　蹦步

3 跤绊动作——中心带崴—跪腿

（1）中心带崴：以施技方是右架为例，施技方底手抓对方小袖，上手揪抓对方直门，上手向前用力一捅，同时松开上手，勉手插入对方腋下，抓住对方中心带，左脚背步，以右脚崴对方的左腿，上体随之左转，同时底手迅速向左下方拉，上手抓后带，顺势前轰，两脚向左用力拧转，长腰、变脸，将对方摔倒。（图 5-3）

图 5-3　中心带崴

（2）跪腿：以施技方是右架为例，施技方底手抓对方小袖，上手攥对方手腕，撤步向前拉带对方，迫使对方向前上步，待对方的前腿上步至施技方的前脚前时，前腿伸入对方裆内，跪压对方小腿并向后划拉，用上手扣住对方踝关节处，底手配合向后支捅对方小袖，将对方摔倒。（图 5–4）

图 5–4　跪腿

4 比赛

受测者按中国式摔跤竞赛规则进行 2 min 以内的比赛（1 局），使用符合规则要求的技战术动作，在比赛时间内在比赛区域将对方摔倒。得分标准如下：

（1）得 3 分。将对方摔成头部、躯干、肘部、臀部着地，自己保持两脚站立。

（2）得 1 分。将对方摔成头部、躯干、肘部、臀部位着地，自己第三点随之触地或支撑；将对方摔成手、膝部位着地；对方身体任何部位接触保护区；对方受到 1 次警告。

（3）互不得分。双方同时着地或者双方同时出界。

四级比赛为1局。按竞赛规则，对消极表现者（持续15 s无进攻）给予警告处罚，对方得1分。违反侵人犯规和技术犯规条例者同样会受到警告处罚，对方得1分。

二、四级测评方法

5.6　**四级测评**

5.6.1　**单个动作——抽腿**

受测者测试步骤如下：

a）2名受测者面向测评员站在摔跤垫子上，听到指令后行拱手礼，开始测试；

b）按照抽腿动作方法，左右腿交替进行，连续做3次；

c）测试后行拱手礼。

每名受测者1次测试机会。

5.6.2　**单个动作——蹦步**

受测者测试步骤如下：

a）2名受测者面向测评员站在摔跤垫子上，听到指令后行拱手礼，开始测试；

b）按照蹦步动作方法，连续做3次；

c）测试后行拱手礼。

每名受测者1次测试机会。

5.6.3　**跤绊动作——中心带崴—跪腿**

受测者测试步骤如下：

a）2名受测者在摔跤垫子上相对而立，听到指令后互行拱手礼，开始测试；

b）进行10 s内跤绊动作"中心带崴、跪腿"双人配合连续"快摔"；

c）2名受测者相互配合，分别测试，测试后行拱手礼。

每名受测者1次测试机会。

5.6.4　**比赛**

受测者测试步骤如下：

a）在摔跤垫子上同等级、同性别的2名受测者为一对，两人体重相差3 kg以内，按中国式摔跤竞赛规则进行2 min以内的对抗比赛；

b）2名受测者在1名裁判的执裁下同时测试，测试前后受测者双方应行抱拳礼。

每名受测者1次测试机会。

1 测评方法

（1）单个动作——抽腿、蹦步

①受测者 12 人一组，10 人候场，2 人站在摔跤垫子（直径 9 m）的红蓝标志线上，由 3 名测评员对 2 名受测者进行技能测评。

②受测者接到口令后开始测试，先后分别进行抽腿、蹦步两个单个动作的空练，每个动作连续做 3 次。

③受测者测试前和结束后行拱手礼。每名受测者有 1 次测试机会。

④ 3 名测评员根据受测者动作完成情况独立判定受测者该项测评内容是否合格，并记录最终测评结果。

（2）跤绊动作——中心带崴—跪腿

①受测者 12 人一组，10 人候场，2 人站在摔跤垫子（直径 9 m）的红蓝标志线上，由 3 名测评员对 2 名受测者进行技能测评。

②受测者接到测评员口令后开始测试。测试内容为 10 s 内中心带崴—跪腿动作双人配合连续“快摔”的个数，2 名受测者相互配合，分别测试。

③受测者测试前和结束后行拱手礼。每名受测者有 1 次测试机会。

④ 3 名测评员根据 2 名受测者跤绊动作完成质量与数量，独立判定受测者该项测评内容是否合格，并记录最终测评结果。

（3）比赛

①同等级、同性别的 2 名受测者为一对，两人体重相差 3 kg 以内，按中国式摔跤竞赛规则，在摔跤垫子上进行 2 min 以内的对抗比赛。

②测评员观测受测者在比赛中技战术运用的情况。

③ 2 名受测者在 1 名裁判员的执裁下进行比赛测试，测试前后受测者双方行抱拳礼。每名受测者有 1 次测试机会。

2 四级测评流程

裁判员组织受测者 12 人为一组，10 人在场地边成两路纵队候场，2 人站在测试区 a 区的红蓝标志线上，由 3 名测评员对 2 名受测者进行技能测评。

具体测试步骤如下：

（1）2 名受测者准备就绪后举手示意，待 2 号测评员发出“开始”指令后，2 名受测者先后分别进行单个动作抽腿、蹦步的测评，每个动作每人连续做 3 次。每名受测者有 1 次测试机会。

（2）完成单个动作测评后，2 名受测者听 2 号测评员指令，进行下一项跤绊动作 10 s 内“中心带崴—跪腿”双人配合连贯快摔个数的测评。

（3）完成跤绊动作测评后，2 名受测者在场上裁判员的指令下，进行下一项 2 min 以内对抗比赛的测评。

（4）全部测评结束后，受测者在 3 号测评员的引导下安全退场。

三、四级测评工具

中国式摔跤课程学生运动能力四级测评工具如表 5-1 所示。

表 5-1　中国式摔跤课程学生运动能力四级测评记录表

序号	姓名	性别	抽腿				蹦步				中心带崴—跪腿				比赛	学生达标情况 达标“P” 不达标“N”	人数统计
			动作规范性	上盘脚的位置	支撑腿转动灵活度	失误次数	动作规范性	两脚掌腾空高度	腾空时长	失误次数	动作规范性	发力方向	力的作用点	10 s 完成次数	技战术运用		
01	×××	女	√	√	√	√	√	√	√	√	√	√	√	√	√	P	
02	×××	女	√	√	√	√	√	√	√	√	√	√	√	√	√	P	
03	×××	男	√	√	√	√	√	√	√	√	√	√	√	√	√	P	
04	×××	男	√	√	√	√	√	√	√	√	√	√	√	×	√	N	
05	×××	男	√	√	√	√	√	√	√	√	√	√	√	√	√	P	

续表

序号	姓名	性别	抽腿				蹦步				中心带崴—跪腿				比赛	学生达标情况 达标“P” 不达标“N”	人数统计
			动作规范性	上盘脚的位置	支撑腿转动灵活度	失误次数	动作规范性	两脚掌腾空高度	腾空时长	失误次数	动作规范性	发力方向	力的作用点	10 s完成次数	技战术运用		
06	×××	男	√	√	×	√	√	×	×	√	√	√	√	√	√	N	达标8人 不达标4人
07	×××	男	√	√	√	√	√	√	√	√	√	√	√	√	√	P	
08	×××	男	√	√	√	√	√	√	√	√	√	√	√	√	√	P	
09	×××	女	√	×	√	√	√	√	√	√	√	√	√	√	√	N	
10	×××	女	√	√	√	√	√	√	√	√	√	√	√	√	√	P	
11	×××	女	√	√	√	√	√	√	√	√	√	√	√	√	√	P	
12	×××	女	√	√	√	√	√	√	√	√	√	√	√	×	√	N	
各观测点合格人数小计			12	11	11	12	12	11	11	12	12	12	12	10			
各观测点不合格人数小计			0	1	1	0	0	1	1	0	0	0	0	2			

备注：
1. 学校名称：×××学校　　学校类型：（01 城镇 /02 乡村）01
2. 学段（幼儿 01/ 小学 02/ 初中 03/ 高中 04/ 大学 05）02　参加测试人数 12

测评员：　　记录时间：　年　月　日

四、四级测评操作视频

四级测评操作视频

第六章

中国式摔跤课程学生运动能力五级测评

一、五级达标要求

4.2.5　五级达标要求

4.2.5.1　五级测评内容及要求应符合表5的规定。

表5　五级测评内容及要求

<table>
<tr><th colspan="2">测评内容</th><th>观测点</th><th colspan="2">合格要求</th></tr>
<tr><td rowspan="8">单个动作</td><td rowspan="4">长腰</td><td>动作规范性</td><td>两脚宽于肩平行开立，膝关节微曲，两手半握拳体前垂放，运用蹬脚转髋力量使身体左转90°，转体时，左腿弓右腿崩，头顶贴近地面合胯转体，右手经小腹前压摁向左前方翻掌推出，同时左手回拉至腰侧，勾头变脸，目视脚后跟；
头要贴近地面和腿，以手臂的挥动带动转体，以前脚掌为轴转动脚后跟</td><td rowspan="4">完成动作3次</td></tr>
<tr><td>俯腰程度</td><td>俯腰低，头部贴近大腿</td></tr>
<tr><td>以前脚掌为轴转动脚后跟的角度</td><td>转体时躯干贴近大腿，身体稳定，弓步腿脚后跟向内转动的角度>90°</td></tr>
<tr><td>失误次数</td><td>≤1次</td></tr>
<tr><td rowspan="4">四步崩子</td><td>动作规范性</td><td>两腿半马步开立，左脚右前方上步，左手前推，右脚背步，左手回拉至腰侧，右手前推，两腿呈歇步，右手经头顶画圆下拉，左手随右手画圆下拉至裆内，同时弯腰低头，崩步拉擦</td><td rowspan="4">完成动作3次</td></tr>
<tr><td>歇步时双腿折叠程度，俯腰深度</td><td>两腿呈歇步时背步的大小腿折叠紧，用力顺达，俯腰深</td></tr>
<tr><td>动作的连贯性与协调性</td><td>扎头俯腰、转脸、崩步拉擦同时进行，上下肢配合协调</td></tr>
<tr><td>失误次数</td><td>≤1次</td></tr>
</table>

续表

测评内容		观测点	合格要求	
连贯跤绊	崴接跪腿	动作规范性	“崴接跪腿”动作使技用力，要“先拉后推”，能做到“引力集中、借力打力”。动作发力方向、施技角度、脚步落点、发力支点精准，规范连贯	10 s 完成次数：男≥3；女≥2
		发力方向	崴向对方身前发力，跪腿向对方身后发力（有前后劲）	
		力的作用点	对方躯干、大腿与小腿受力的作用点准确	
比赛	技战术运用	手法与身法步法配合的协调性	对抗中“手法身法步法”配合比较协调，开手技术好，技术动作结合手法运用基本合理，跤绊动作发力点准确	比赛时间≤4 min
		技战术运用的合理度	对抗中会运用技战术动作破坏对方身体重心。能抓住时机敢运用技术，技战术运用使用率高，成功率高	
		主动进攻的积极性	战术运用合理，消极（持续 15 s 无攻防动作）较少，能够主动、快速地运用技术动作	

4.2.5.2 五级测评内容所有观测点均应达到表 5 规定的合格要求，每名测评员均判定合格为达标。

解读

1 单个动作——长腰

受测者两脚开立，略宽于肩，膝关节微屈，两手半握拳垂放于体前，俯腰低头，运用蹬脚转髋的力量使身体向左转 90°，转体时，左腿弓右腿崩，头顶贴近地面合胯转体，右手经小腹前压摁向左前方翻掌推出，同时左手回拉至腰后，勾头变脸，目视右脚跟；头要贴近地面和腿，以手臂的挥动带动转体，以前脚掌为轴转动脚跟。注意受测者俯腰要低，头部接近大腿，转体时上身贴近大腿，身体稳定，弓步腿脚跟向内转动的角度大于 90°。（图 6–1）

图 6–1 长腰

2 单个动作——四步崩子

受测者两腿半马步开立，左脚上步，左手前推，右脚背步，左手回拉至腰侧，右手前推，两腿呈歇步，右手经头顶画圆下拉，左手 90° 上挑，同时扎腰、低头、变脸、崩步拉擦。（图 6–2）注意两腿呈歇步时背步的大小腿折叠紧，用力顺达，俯腰深，俯腰扎头、转脸、崩步拉擦同时进行，上下肢协调配合。

图 6–2　四步崩子

3 连贯跤绊——崴接跪腿

向对方裆内上步要到位，底手和上手快速向前拉带，进攻角度要合理，以前脚掌为轴向身体内侧充分转体，当对方产生向后的犟力时，前腿快速以膝盖为支点跪地，夹住对方小腿使用“跪腿”动作，后腿蹬地，上手按压对方脚踝，底手快速向后推，将对方摔倒。（图 6–3）

图 6-3　崴接跪腿

4 比赛

受测者按中国式摔跤竞赛规则进行 4 min 以内（2 min 1 局，共 2 局）的比赛，使用符合规则要求的技战术动作，在比赛时间内在比赛区域将对方摔倒。得分标准同四级。

注 意

五级比赛为 2 局，局间休息 30 s 。按竞赛规则，对消极表现者（持续 15 s 无进攻）给予警告处罚，对方得 1 分。违反侵人犯规和技术犯规条例者同样会受到警告处罚，对方得 1 分。

二、五级测评方法

5.7　**五级测评**

5.7.1　**单个动作——长腰**

受测者测试步骤如下：

a）2名受测者面向测评员站在摔跤垫子上，听到指令后行拱手礼，开始测试；

b）按照长腰动作方法，向身体右侧做2次，左侧做1次；

c）测试后行拱手礼。

每名受测者1次测试机会。

5.7.2　**单个动作——四步崩子**

受测者测试步骤如下：

a）2名受测者面向测评员站在摔跤垫子上，听到指令后行拱手礼，开始测试；

b）按照四步崩子动作方法，每个动作连续做3次，左右腿交替上步进行；

c）测试后行拱手礼。

每名受测者1次测试机会。

5.7.3　**连贯跤绊——崴接跪腿**

受测者测试步骤如下：

a）2名受测者站在摔跤垫子上相对而立，听到指令后互行拱手礼，开始测试；

b）进行10 s内跤绊动作"崴接跪腿"双人配合连续"快摔"；

c）2名受测者相互配合，分别测试，测试后行拱手礼。

每名受测者1次测试机会。

5.7.4　**比赛**

受测者测试步骤如下：

a）在摔跤垫子上同等级、同性别的2名受测者为一对，两人体重相差3 kg以内，按中国式摔跤竞赛规则进行4 min以内的对抗比赛(2局，每局2 min)；

b）2名受测者在1名裁判的执裁下同时测试，测试前后受测者双方应行抱拳礼。

每名受测者1次测试机会。

1 测评方法

（1）单个动作——长腰、四步崩子

①受测者12人一组，10人候场，2人站在摔跤垫子（直径9 m）的红蓝标志线上，由3名测评员对2名受测者进行技能测评。

②受测者接到口令后开始测试，先后分别进行长腰、四步崩子两个单个动作的空练。长腰向身体右侧做 2 次，左侧做 1 次；四步崩子连续做 3 次。

③受测者测试前和结束后行拱手礼。每名受测者有 1 次测试机会。

④ 3 名测评员根据受测者动作完成情况独立判定受测者该项测评内容是否合格，并记录最终测评结果。

（2）连贯跤绊——崴接跪腿

①受测者 12 人一组，10 人候场，2 人站在摔跤垫子（直径 9 m）的红蓝标志线上，由 3 名测评员对 2 名受测者进行技能测评。

②受测者接到测评员口令后开始测试，测试内容为 10 s 内崴接跪腿动作双人配合连续“快摔”的个数，2 名受测者相互配合，分别测试。

③受测者测试前和结束后行拱手礼。每名受测者有 1 次测试机会。

④ 3 名测评员根据 2 名受测者连贯跤绊动作完成质量与数量，独立判定受测者该项测评内容是否合格，并记录最终测评结果。

（3）比赛

①同等级、同性别的 2 名受测者为一对，两人体重相差 3 kg 以内，按中国式摔跤竞赛规则，在摔跤垫子上进行 4 min 以内（每局 2 min，共 2 局）的对抗比赛。

②测评员观测受测者在比赛中技战术运用的情况。

③ 2 名受测者在 1 名裁判员的执裁下进行比赛测试，测试前后受测者双方行抱拳礼。每名受测者有 1 次测试机会。

2 五级测评流程

裁判员组织受测者 12 人为一组，10 人在场地边成两路纵队候场，2 人站在测试区 a 区的红蓝标志线上，由 3 名测评员对 2 名受测者进行技能测评。

具体测试步骤如下：

（1）2 名受测者准备就绪后举手示意，待 2 号测评员发出“开始”指令后，2 名受测者先后分别进行单个动作长腰、四步崩子的测评。长腰向身体右侧做 2 次，左侧做 1 次；四步崩子连续做 3 次。每名受测者有 1 次测试机会。

（2）完成单个动作测评后，2 名受测者听 2 号测评员指令，进行下一项连贯跤绊动作“崴接跪腿”的测评。

（3）完成跤绊动作测评后，2 名受测者在场上裁判员的指令下，进行下一项 4 min 以内对抗比赛的测评。

（4）全部测评结束后，受测者在 3 号测评员的引导下安全退场。

三、五级测评工具

中国式摔跤课程学生运动能力五级测评工具如表 6–1 所示。

表 6–1　中国式摔跤课程学生运动能力五级测评记录表

序号	姓名	性别	长腰				四步崩子				崴接跪腿				比赛	学生达标情况 达标“P” 不达标“N”	人数统计
			动作规范性	俯腰程度	以前脚掌为轴转动脚后跟的角度	失误次数	动作规范性	歇步时双腿折叠程度，俯腰深度	动作的连贯性与协调性	失误次数	动作规范性	发力方向	力的作用点	10 s 完成次数	技战术运用		
01	×××	女	√	√	√	√	√	√	√	√	√	√	√	√	√	P	达标 8 人 不达标 4 人
02	×××	女	√	√	√	√	√	√	√	√	√	√	√	√	√	P	
03	×××	男	√	√	√	√	√	√	√	√	√	√	√	√	√	P	
04	×××	男	√	√	√	√	√	√	√	√	√	√	√	×	√	N	
05	×××	男	√	√	√	√	√	√	√	√	√	√	√	√	√	P	
06	×××	男	√	√	×	√	√	×	×	√	√	√	√	√	√	N	
07	×××	男	√	√	√	√	√	√	√	√	√	√	√	√	√	P	
08	×××	男	√	√	√	√	√	√	√	√	√	√	√	√	√	P	
09	×××	女	√	×	√	√	√	√	√	√	√	√	√	√	√	N	
10	×××	女	√	√	√	√	√	√	√	√	√	√	√	√	√	P	
11	×××	女	√	√	√	√	√	√	√	√	√	√	√	√	√	P	
12	×××	女	√	√	√	√	√	√	√	√	√	√	√	×	√	N	

续表

序号	姓名	性别	长腰				四步崩子				崴接跪腿				比赛	学生达标情况 达标"P" 不达标"N"	人数统计
			动作规范性	俯腰程度	以前脚掌为轴转动脚后跟的角度	失误次数	动作规范性	歇步时双腿折叠程度，俯腰深度	动作的连贯性与协调性	失误次数	动作规范性	发力方向	力的作用点	10 s完成次数	技战术运用		
各观测点合格人数小计			12	11	11	12	12	11	11	12	12	12	12	10			
各观测点不合格人数小计			0	1	1	0	0	1	1	0	0	0	0	2			

备注：
1. 学校名称：× × × 学校　　学校类型：（01 城镇 /02 乡村）01
2. 学段（幼儿 01/ 小学 02/ 初中 03/ 高中 04/ 大学 05）02　参加测试人数 12

测评员：　　记录时间：　年　月　日

四、五级测评操作视频

五级测评操作视频

第七章 中国式摔跤课程学生运动能力六级测评

一、六级达标要求

4.2.6 六级达标要求

4.2.6.1 六级测评内容及要求应符合表6的规定。

表6 六级测评内容及要求

测评内容		观测点	合格要求	
单个动作	开手	动作规范性	对方抢先抓握把位后，施技方以手法、身法、步法的配合，拆解开被对方揪抓的把位。要用双手与步法、身法配合，延长与对方距离，拆解开对方已抓握自己的把位，主要有捅手、撕手、打手、蹬手、撬臂等	完成动作3次
		开手技术的合理性	开手技术动作规范、挣脱动作合理连贯	
		四肢配合协调度，发力方向	四肢配合协调，有动作速度，挣脱动作发力方向准确	
		失误次数	≤1次	
	勾子	动作规范性	以右架为例，施技方左脚背步，向左转身，弯腰右腿绷直脚面往上空中挑撩，同时底手向左下方拉，上手用力提拽，扎头俯腰、变脸； 动作发力流畅，转身勾腿快，俯腰时上体贴近支撑腿侧，勾挑腿的脚尖高度要超过腰部20 cm	完成动作3次
		俯腰时上体与支撑腿侧的贴合度	“勾子空练”要求动作规范，俯腰、上体贴近支撑腿外侧	
		挑勾腿的高度	挑勾腿的高度要超过自身腰部水平线20 cm以上	
		失误次数	≤1次	
比赛	技战术运用	手法与身法步法配合的协调性	对抗中“手法身法步法”配合协调，开手技术好，技术动作结合手法运用合理，跤绊动作发力方向准确	实战比赛对抗时间≤6 min
		技战术运用的合理度	对抗中会运用技战术动作破坏对方身体重心，能做到“引力集中，借力打力”。能抓住时机敢运用技术，技战术运用成功率高，有来回劲	
		主动进攻的积极性	战术运用合理，消极（持续15 s无攻防动作）较少，能够主动、快速、连贯地运用技术动作摔倒对方	

4.2.6.2 六级测评内容所有观测点均应达到表6规定的合格要求，每名测评员均判定合格为达标。

解读

1 单个动作——开手

对方抢先抓握把位后，施技方以手法、身法、步法的配合，拆解开被对方揪抓的把位。双手一个推一个拉，与步法、身法协调配合，延长与对方的距离，主要技术有捅手、撕手、打手、蹬手、撬臂等。（图 7–1）运用开手技术时动作要规范，挣脱动作要合理连贯，四肢配合协调，要有动作速度，挣脱动作发力方向要准确。

图 7–1 开手

2 单个动作——勾子

以双方都是右架为例，施技方左脚背步，向左转身，弯腰，右腿绷直，右脚脚面向空中挑撩，同时底手向左下方拉，上手用力提拽，扎头俯腰、变脸。左右腿交替练习。（图 7–2 至图 7–3）运用勾子技术时动作发力要流畅，转身勾腿要快，俯腰时上体贴近支撑腿侧，勾挑腿的脚尖高度要超过腰部 20 cm 以上。

图 7–2　勾子（挑右腿）

图 7–3　勾子（挑左腿）

3 比赛

受测者按中国式摔跤竞赛规则进行时长 6 min（3 min 1 局，共 2 局）的比赛，使用符合规则要求的技战术动作，在比赛时间内在比赛区域将对方摔倒。得分标准同四级。

六级比赛为 2 局，局间休息 30 s。按竞赛规则，对消极表现者（持续 15 s 无进攻）给予警告处罚，对方得 1 分。违反侵人犯规和技术犯规条例者同样会受到警告处罚，对方得 1 分。

二、六级测评方法

5.8　六级测评

5.8.1　**单个动作——开手**

受测者测试步骤如下：

a)　2 名受测者在摔跤垫子上相对而立，听到指令后互行拱手礼，开始测试；

b)　按对方手法抓握把位的不同，与对方配合进行 3 次不同的"开手"动作展示；

c)　测试后行拱手礼。

每名受测者 1 次测试机会。

5.8.2　**单个动作——勾子**

受测者测试步骤如下：

a)　2 名受测者面对测评员站在摔跤垫子上，听到指令后行拱手礼，开始测试；

b)　进行"勾子"空练动作展示，左右腿交替进行，连续做 3 次动作；

c)　测试后行拱手礼。

每名受测者 1 次测试机会。

5.8.3　**比赛**

受测者测试步骤如下：

a)　在摔跤垫子上同等级、同性别的 2 名受测者为一对，两人体重相差 3 kg 以内，按中国式摔跤竞赛规则进行 6 min 以内的摔跤比赛（2 局，每局 3 min）；

b)　2 名受测者在 1 名裁判的执裁下同时测试，测试前后受测者双方应行抱拳礼。

每名受测者 1 次测试机会。

1 测评方法

（1）单个动作——开手、勾子

①受测者 12 人一组，10 人候场，2 人站在摔跤垫子（直径 9 m）的红蓝标志线

上，由 3 名测评员对 2 名受测者进行技能测评。

② 受测者接到口令后开始测试，先后分别进行单个动作开手和勾子的测评。开手测评时，受测者按对方手法抓握把位的不同，与对方配合进行 3 次不同的开手动作展示；勾子测评时，左右腿交替进行空练动作展示，连续做 3 次。

③受测者测试前和结束后行拱手礼。每名受测者有 1 次测试机会。

④ 3 名测评员根据受测者动作完成情况独立判定受测者该项测评内容是否合格，并记录最终测评结果。

（2）比赛

①同等级、同性别的 2 名受测者为一对，两人体重相差 3 kg 以内，按中国式摔跤竞赛规则，在摔跤垫子上进行 6 min 以内（3 min 一局，共 2 局）的比赛。

②测评员观测受测者在比赛中技战术运用的情况。

③ 2 名受测者在 1 名裁判员的执裁下进行比赛测试，测试前后受测者双方行抱拳礼。每名受测者有 1 次测试机会。

2 六级测评流程

裁判员组织受测者 12 人为一组，10 人在场地边成两路纵队候场，2 人站在测试区 a 区的红蓝标志线上，由 3 名测评员对 2 名受测者进行技能测评。

具体测试步骤如下：

（1）2 名受测者准备就绪后举手示意，待 2 号测评员发出“开始”指令后，2 名受测者先后分别进行单个动作开手、勾子的测评。测评开手时，受测者需根据对方手法抓握把位的不同，与对方配合进行 3 次不同的开手动作展示；测评勾子时，受测者需左右腿交替进行勾子空练动作的展示，连续做 3 次。每名受测者有 1 次测试机会。

（2）完成单个动作测评后，2 名受测者在场上裁判员的指令下，进行下一项 6 min 以内（3 min 一局，共两局）的正式摔跤比赛的测评。

（3）全部测评结束后，受测者在 3 号测评员的引导下安全退场。

三、六级测评工具

中国式摔跤课程学生运动能力六级测评工具如表 7–1 所示。

表 7–1 中国式摔跤课程学生运动能力六级测评记录表

序号	姓名	性别	开手				勾子				比赛	学生达标情况 达标"P"不达标"N"	人数统计
			动作规范性	开手技术的合理性	四肢配合协调度，发力方向	失误次数	动作规范性	俯腰时上体与支撑腿侧的贴合度	挑勾腿的高度	失误次数	技战术运用		
01	×××	女	√	√	√	√	√	√	√	√	√	P	达标10人 不达标2人
02	×××	女	√	√	√	√	√	√	√	√	√	P	
03	×××	男	√	√	√	√	√	√	√	√	√	P	
04	×××	男	√	√	√	√	√	√	√	√	√	P	
05	×××	男	√	√	√	√	√	√	√	√	√	P	
06	×××	男	√	√	×	√	√	×	×	√	√	N	
07	×××	男	√	√	√	√	√	√	√	√	√	P	
08	×××	男	√	√	√	√	√	√	√	√	√	P	
09	×××	女	√	×	√	√	√	√	√	√	√	N	
10	×××	女	√	√	√	√	√	√	√	√	√	P	
11	×××	女	√	√	√	√	√	√	√	√	√	P	
12	×××	女	√	√	√	√	√	√	√	√	√	P	
各观测点合格人数小计			12	11	11	12	12	11	11	12	12		
各观测点不合格人数小计			0	1	1	0	0	1	1	0	0		

备注：
1. 学校名称：×××学校　　学校类型：（01 城镇 /02 乡村）01
2. 学段（幼儿 01/ 小学 02/ 初中 03/ 高中 04/ 大学 05）02　参加测试人数 12

测评员：　　　　记录时间：　　年　　月　　日

四、六级测评操作视频

六级测评操作视频